Creciendo Con Dios

Lecciones Bíblicas Para Niños

Primeros Pasos

Índice

1. Un Lugar Llamado Cielo

¿Cómo será el cielo?

¿Alguna vez pensaste cómo será el cielo? Sabemos que ese lugar es muy bonito. Es tan bonito que no podemos describirlo con nuestras palabras. En la Biblia el Cielo es comparado a un lugar lleno de piedras preciosas con calles de oro, siempre iluminado donde nunca habrá noche. Es el lugar más hermoso que podamos imaginarnos.

En el Cielo no hay cementerios, porque allí nadie muere. No son necesarios los médicos, ni existen hospitales, ni farmacias, no se ponen inyecciones, no existe ninguna enfermedad. No hay prisiones, porque allí nadie se porta mal. No hay patrullas a ninguna hora. Y encima de todo esto, veremos al Señor Jesucristo cara a cara, la persona que hizo posible nuestro camino al cielo. Allá todos cantan a Jesús. Es un lugar muy alegre en donde tendremos muchos amigos.

Pero tú preguntarás: ¿Cómo sabe usted todas estas cosas sobre el cielo? ¿Ya estuvo allá? No, todavía no estuve allá, pero el Señor Jesús, el Hijo de Dios, vive allá y durante algún tiempo estuvo en la tierra, y nos contó varias cosas sobre el cielo.

Él dijo: *"En el hogar de mi Padre hay muchas viviendas; si no fuera así, ya se lo habría dicho a ustedes. Voy a prepararles un lugar. Y si me voy y se los preparo, vendré para llevármelos conmigo. Así ustedes estarán donde yo esté."* Juan 14:2-3 (NVI)

Dios nos ama tanto, pero tanto, que desea que vivamos con Él para siempre en ese bello lugar. Él nos dio un libro maravilloso que nos muestra cómo podemos ir un día al cielo, a vivir con Él. ¿Qué libro es éste? Es la Biblia, la Palabra de Dios.

¿Te gustaría ir un día a vivir a ese lugar maravilloso? En realidad eso no es difícil, porque Dios mismo quiere que tú vayas allá.

El camino al cielo

No es difícil encontrar el camino al cielo. Pero es necesario tener mucho cuidado para no equivocarse de camino. Vamos a imaginarnos ahora dos caminos: uno ancho y otro angosto. El camino ancho no va al cielo, pero va al infierno. El camino angosto, siendo difícil de andar, nos lleva al Cielo.

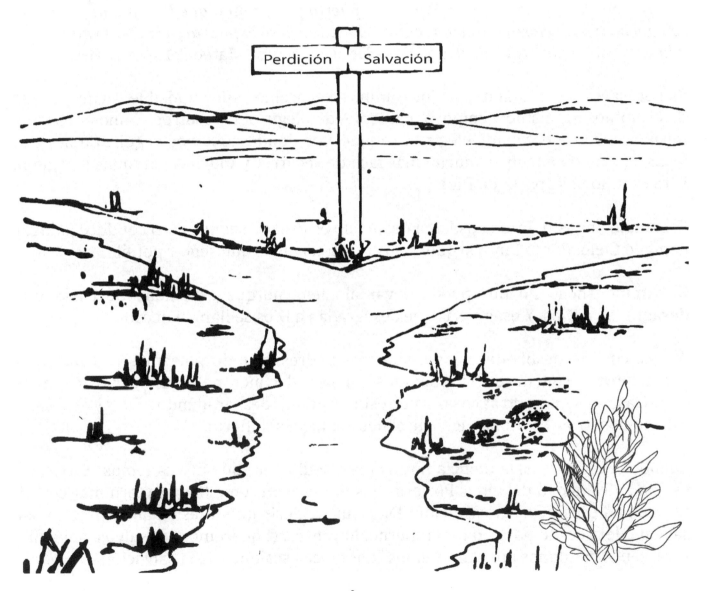

Mira cómo Jesús habló de estos dos caminos:

"Entren por la puerta angosta. Porque la puerta y el camino que llevan a la perdición son anchos y espaciosos, y muchos entran por ellos; pero la puerta y el camino que llevan a la vida son angostos y difíciles, y pocos los encuentran." Mateo 7:13-14 (DHH)

Es necesario elegir cuál de los dos caminos tomaremos. ¡Es imposible seguir por los dos caminos al mismo tiempo! Y nadie puede elegir por nosotros. Somos nosotros mismos los que debemos elegir el camino por donde debemos seguir. Como dice Jesús, el camino ancho es mucho más fácil de recorrer y muchas personas lo siguen. Este camino nos aparta de Dios.

El camino angosto da la sensación de que no es fácil de seguir, pero conduce al lugar llamado Cielo. Por lo tanto si queremos ir allá tenemos que seguir por él.

El camino ancho no nos puede llevar al Cielo, porque está lleno de cosas que desagradan a Dios. Y esas cosas que desagradan a Dios se llaman pecado.

Así es, cuando desobedecemos a nuestros padres, cuando peleamos con nuestros hermanitos o con nuestros amiguitos, cuando decimos palabras feas, o decimos mentiras, o hacemos otras cosas como éstas, estamos desagradando a Dios y el pecado está en nosotros. La Biblia dice que el pecado lleva al infierno.

Cuando enfermamos, la Ciencia nos da el remedio para que nos sanemos. El pecado es una enfermedad del alma. Por eso Dios preparó un remedio para terminar con él. Ese remedio es nuestra salvación. Esto quiere decir que nuestra alma precisa ser salvada del pecado para no ir al infierno. Entonces, si queremos ser salvos, debemos subir cinco escalones que llamaremos "Los cinco escalones de la salvación".

Los cinco escalones de la salvación

Tengo vida eterna

Yo acepto a Jesús

Cristo murió por mi

DIOS me ama

Soy pecador

Fíjate que en cada uno de ellos hay una frase escrita.

1 - Soy pecador

2 - Dios me ama

3 - Cristo murió por mí

4 - Yo acepto a Jesús como mi Salvador

5 - Tengo la vida eterna.

¡Estos son los escalones de la salvación! Piensa en esto: cualquiera que los suba será salvo y será llamado hijo de Dios. Él nos ama y quiere que seamos salvos y que seamos sus hijos.

Dios nos invita a subir esos escalones. No nos fuerza, nosotros tenemos que escoger y tomar la decisión de subirlos.

Antes de tomar la decisión de subirlos, paremos por un momento y consideremos cada uno de ellos y su significado. Debemos tomar una decisión acertada, porque ésta es la decisión más importante de nuestra vida.

Primer Escalón: SOY PECADOR

Vamos a abrir la Biblia y mirar algunos textos bíblicos que nos ayudarán a tomar la decisión acertada y subir los cinco escalones de la salvación.

El primer pasaje que vamos a ver nos habla del primer escalón y está en el libro de Romanos, capítulo 3 versículo 23: *"... todos han pecado y están lejos de la presencia gloriosa de Dios."*

El autor nos dice que todas las personas de este mundo pecaron. Sabemos que esto es verdad. Tú y yo pecamos. Este pecado es nuestro mayor enemigo. El pecado nos separa de Dios y merece un castigo. Dios no puede mirar a otro lado y hacer de cuenta que no ve nuestro pecado; pero como Él nos ama preparó una manera para poder librarnos de ese terrible enemigo.

Segundo Escalón: DIOS NOS AMA

El siguiente texto bíblico nos habla del segundo escalón y dice así:

"Pues Dios amó tanto al mundo, que dio a su Hijo único, para que todo aquel que cree en él no muera, sino que tenga vida eterna." Juan 3:16 (DHH)

¿A quién ama Dios? Al mundo.

¿A quién se refiere Dios cuando dice "el mundo"? A todas las personas que viven en la tierra.

¿Y a quién se refiere Él cuando dice "todo aquel"? A cualquier persona.

¿Y qué ofrece Dios a todas las personas del mundo? A su único Hijo, Jesús.

La Biblia dice: *"Mas Dios muestra su amor para con nosotros, en que siendo aún pecadores, Cristo murió por nosotros."* Romanos 5:8

Nunca debemos dudar del Amor que Dios nos tiene, porque Él dio a su Hijo para morir por nosotros: Por ti y por mí. El Señor Jesús murió por los pecadores. Él recibió el castigo que merecíamos por nuestro pecado. Es el mejor amigo que tenemos y el Salvador que tanto nos amó. El no sólo murió por nosotros, sino que resucitó al tercer día y tiene todo poder en el cielo y la tierra. Él es el Salvador que está vivo.

Tercer Escalón: CRISTO MURIÓ POR MÍ

El texto bíblico que veremos ahora, y que se refiere al tercer escalón, está en 1 Corintios 15, versículos 3 y 4, y dice así:

"Cristo murió por nuestros pecados,...fue sepultado y resucitó al tercer día, según las Escrituras."

Dios no puede dejar nuestros pecados sin castigo, pero aquí dice que Jesús nos ama tanto que Él, el Hijo de Dios, murió en la cruz sin tener ningún pecado, murió en nuestro lugar y no en el suyo.

¿Crees que Dios nos dio la Biblia? ¿Puedes decir de todo corazón "yo creo"? Eso es fe, y es creer en la palabra de Dios.

Cuarto Escalón: YO ACEPTO A JESUS

El texto bíblico que sigue corresponde al cuarto escalón, está en Juan 1:12 y dice cómo podemos ser hijos de Dios.

"Pero a quienes lo recibieron y creyeron en él, les concedió el privilegio de llegar a ser hijos de Dios."

Recibir significa aceptar lo que es ofrecido. Tú no tienes que ofrecer nada ni trabajar para ganar la salvación.

Sólo tienes que recibirla gratuitamente y aceptarla para que sea tuya. Dios nos dio a su hijo para que Él sea nuestro Salvador. Por lo tanto, tenemos que aceptarlo como Salvador en nuestro corazón.

Aceptar a Jesús quiere decir confiar en él como nuestro Salvador. Si recibes a Cristo y crees en él, pasas a ser hijo de Dios, y puedes tener la seguridad de ser salvo.

Finalmente observamos el último texto bíblico de esta serie, y que se refiere al quinto escalón. Son palabras de Jesucristo registradas en San Juan 11:26:

"Y todo aquel que vive y cree en Mí no morirá eternamente."

Quinto Escalón: TENGO LA VIDA ETERNA

¡Qué lindo es vivir! Pero a veces nos ponemos tristes cuando pensamos que un día vamos a morir. Qué bueno sería si pudiéramos vivir para siempre, ¿no? ¿Es esto posible? De acuerdo a las palabras de Jesús en el texto bíblico que acabamos de leer es posible. ¡Sí!

Tú notas allí que quien cree en él nunca morirá, eso significa vivir eternamente. Expliquémoslo mejor: La verdad es que nuestro cuerpo muere, pero el alma no. Jesús dijo: *"El que cree en Mí aunque esté muerto vivirá."* Juan 11:15

A partir del momento en que creemos en Cristo pasamos a tener vida eterna. Jesús dice así: *"El que cree en el Hijo* (que es Jesús mismo) *tiene vida eterna."* Juan 3:36

¿Subimos ahora?

¿Has comprendido todo bien? ¿Ya has hecho tu decisión? El Señor Jesús te ama y tú, amiguito, lo necesitas. El Señor Jesús es amigo de todos los pecadores. No tengas miedo de ir a Él, pues Él espera que tú lo aceptes en tu corazón.

Si todavía tú no has aceptado al Señor Jesús como Salvador y quieres aceptarlo en este momento, ven y subiremos juntos los escalones de la salvación.

Primer escalón: Soy pecador. Hay ocasiones en que nos portamos mal, decimos mentiras y maltratamos a los demás. Inclinemos la cabeza y hagamos una oración diciéndole esto al Señor, pues Dios quiere que seamos sinceros y digamos la verdad.

Segundo escalón: Dios me ama. ¡Qué alegría poder decir esto y saber que es verdad!

Tercer escalón: Cristo murió por mí. Él me ama y dio su vida por mí.

Cuarto escalón: Yo acepto a Jesús. Tú necesitas a Jesús y él te ama. Ahora mismo, donde tú estás, inclina la cabeza en oración y dile: "Señor Jesús, estoy verdaderamente arrepentido de mis pecados. Te agradezco porque me has amado tanto que diste tu vida por mí en la cruz. Por favor entra en mi corazón y transfórmame en un hijo de Dios. Yo te necesito como mi Señor y Salvador ahora mismo."

Quinto escalón: Tengo la vida eterna. Si de veras tú crees que el Señor Jesús murió por tus pecados y resucitó de la tumba, y lo aceptas como Salvador, tengo buenas noticias para ti: ¡ya tienes la vida eterna!

"Les escribo esto a ustedes que creen en el Hijo de Dios, para que sepan que tienen vida

eterna." 1 Juan 5:13 (DHH)

*****

2. ¿Cómo Será Dios?

A esta altura, quizás te haces la pregunta: ¿Cómo será Dios? Para nosotros Dios es una persona tan grande y tan maravillosa que nunca podremos comprender todo lo que Él es. Pero en la Biblia Dios mismo nos revela muchas cosas maravillosas sobre Su persona.

En la Biblia aprendemos que Dios es el creador de todas las cosas. Crear significa hacer alguna cosa sin tener nada. Sólo Dios puede hacer esto. El primer texto de la Biblia dice:

"En el principio creó Dios los cielos y la tierra." Génesis 1:1

Este mundo y el universo entero no aparecieron de simple casualidad. Fue Dios quien creó el mundo y todas las cosas que existen. Y también Él creó al primer hombre, que fue llamado Adán. La Biblia dice que Adán fue creado a imagen y semejanza de Dios, esto es, Dios le dio capacidades superiores que no dio al resto de los animales, como razonamiento, capacidad de aprender y otras cualidades importantes.

Hay algunas cosas más que la Biblia nos dice sobre Dios:

1. Dios es ETERNO. Esto quiere decir que Dios existió siempre. No tiene principio ni tampoco tendrá fin. La Biblia dice: *"Antes que naciesen los montes y formases la tierra y el mundo, desde el siglo y hasta el siglo, tú eres Dios."* Salmo 90:2

2. Dios es SANTO. Dios está separado de todo pecado y de todo mal. *"Santo, santo,*

3. Dios es INMUTABLE. Dios nunca cambia y nunca cambiará: *"Porque yo Jehová no cambio"*, dice Dios en Malaquías 3:6. *El Señor Jesucristo también es siempre el mismo*

porque Él es Dios: "Jesucristo es el mismo ayer, y hoy, y por los siglos." Hebreos 13:8

4. Dios es TODOPODEROSO. Esto es, OMNIPOTENTE, lo cual quiere decir que nada hay que Dios no pueda hacer. *"Respondió Job a Jehová, y dijo: Yo conozco que todo lo puedes, y que no hay pensamiento que se esconda de ti."* Job 42:1,2

5. Dios es OMNISCIENTE. Esto quiere decir que Dios lo sabe todo. Él sabe qué es lo que va a suceder antes de que las cosas sucedan. *"Señor, tú me has examinado y me conoces; tú conoces todas mis acciones; aun de lejos te das cuenta de lo que pienso. Sabes todas mis andanzas, ¡sabes todo lo que hago! Aún no tengo la palabra en la lengua, y tú, Señor, ya la conoces."* Salmo 139:1-4 (DHH) Él sabe hasta el número de cabellos de tu cabeza: *"Pues aún vuestros cabellos están todos contados."* Mateo 10:30

6. Dios es OMNIPRESENTE. Esto significa que Dios está presente en todo lugar. *"¿A dónde podría ir, lejos de tu espíritu? ¿A dónde huiría, lejos de tu presencia? Si yo subiera a las alturas de los cielos, allí estás tú; y si bajara a las profundidades de la tierra, también estás allí; si levantara el vuelo hacia el oriente, o habitara en los límites del mar occidental, aun allí me alcanzaría tu mano; ¡tu mano derecha no me soltaría!"* Salmo 139:7-10 (DHH)

7. Dios es FIEL. Él siempre cumple Su palabra. Hace siempre lo que promete hacer. *"Dios no es como los mortales: no miente ni cambia de opinión. Cuando él dice una cosa, la realiza. Cuando hace una promesa, la cumple."* Números 23:19 (DHH)

8. Dios es AMOR. *"El que no ama, no ha conocido a Dios; porque Dios es amor."* 1 Juan 4:8. Dios mostró su amor al enviar a su hijo a morir por nuestros pecados. *"Mas Dios muestra su amor para con nosotros, en que siendo aún pecadores, Cristo murió por nosotros."* Romanos 5:8

9. Dios es LUZ. En Dios no hay tinieblas y nada puede ser escondido de Él. *"Dios es luz, y no hay ningunas tinieblas en él."* 1 Juan 1:5

Todas las cosas que son verdaderas con respecto a Dios, también son verdaderas con respecto a Jesús, pues Él es Dios.

Uno de los nombres del Señor Jesús registrado en la Biblia es el "Verbo de Dios", esto es la "Palabra de Dios" (Apocalipsis 19:13). La Biblia es la palabra de Dios escrita, y el Señor Jesús es la palabra de Dios viva. Una y otra nos fueron dadas para que podamos saber cómo es Dios.

Sabemos que el Señor Jesús existió siempre, porque Él es verdaderamente Dios. Él siempre fue Dios. Pero cuando el Señor Jesús vino a este mundo, para morir por nuestros pecados, vino como un pequeño bebé. Tenía un cuerpo humano igual que nosotros, y vivió en la tierra durante 33 años para que nosotros pudiéramos saber cómo es Dios. Así fue que Dios habitó y convivió con el hombre.

El Señor Jesús, que siempre habló la verdad, dijo:

"Yo y el Padre uno somos." Juan 10:30

Y en otro lugar lo afirma diciendo: *"El que me ha visto a mí, ha visto a mi Padre."* Juan 14:9.

De esta manera sabemos que Jesús es verdaderamente Dios, porque la Biblia lo afirma. Entonces, ¿Cómo será Dios? ¡Él es precisamente como Jesús!

Un niño dijo una vez: *"Jesús es el mejor retrato de Dios que ya se ve."*

El Señor vino a la tierra para mostrarnos cómo es Dios, pero también para morir por nuestros pecados. Él no sólo murió por nuestros pecados, sino que resucitó de los muertos y salió de la tumba al tercer día. ¡Él es el Salvador que está vivo! Y su resurrección nos prueba que Él es el hijo de Dios, y que todo lo que dice es verdad. La Biblia afirma que Él *"Fue declarado hijo de Dios con poder... por la resurrección de entre los muertos."* Romanos 1:4

Hoy el Señor Jesús está en el cielo y tiene poder en el cielo y en la tierra. Después de haber resucitado y antes de volver a su Padre, le dijo a sus discípulos: "Toda potestad me es dada en el cielo y en la tierra." Mateo 28:18.

El Señor Jesús dio su vida en la cruz por ti y por mí y por todas las personas de este mundo; podemos ser hechos hijos de Dios cuando creemos en Él y lo recibimos como nuestro Señor.

Cuando recibimos al Señor Jesús como nuestro SALVADOR, Dios envía al ESPÍRITU SANTO para vivir en nosotros, para que sea nuestro compañero y nos ayude a obedecer a Dios. El Señor Jesús vive en nuestros corazones a través del Espíritu Santo.

El apóstol Pablo dice: *"Mas Cristo vive en mí."* (Gálatas 2:20). El cristiano es una persona en quien Cristo vive.

Ser hijo de Dios es la experiencia más maravillosa del mundo, pero permítanme que les cuente un secreto: No siempre será fácil mientras estemos en la tierra. El Señor Jesús nos dice que en la vida tendremos pruebas y luchas en este mundo. Pero no tenemos por qué tener miedo, pues el Señor Jesús vive en nosotros y Él nos dice: *"No te dejaré, ni te desampararé."* Hebreos 13:5

*****

3. ¿Qué es la Biblia?

Ahora hablemos un poco sobre el maravilloso libro llamado BIBLIA. ¿Ya conoces este libro? Tal vez nunca has tenido oportunidad de leerlo. Pero tal vez ya lo tienes en tu casa, solo que está guardado por ahí.

La Biblia es el libro que Dios dio al mundo para que todos nosotros podamos conocer mejor su divina persona y también para mostrarnos cómo El preparó nuestra salvación por medio de Cristo.

Para escribir la Biblia Dios utilizó aproximadamente 40 hombres a los cuales Él mismo dio su mensaje. Ellos fueron fieles a los que Dios les reveló, y fue así que hoy tenemos 66 libros dentro de un solo volumen que es conocido como BIBLIA, una palabra que significa "libros".

Si examinas la Biblia con cuidado, verás que está dividida en dos grandes partes: una habla de las cosas que sucedieron antes del nacimiento de Jesús y se llama "Antiguo Testamento"; la otra habla de las cosas que sucedieron después de la venida de Jesucristo y se llama "Nuevo Testamento". En el Antiguo Testamento leemos cómo Dios creó el mundo; cómo entró el pecado en este mundo creado por Dios y cómo Dios escoge al pueblo israelita para sí. Leemos también cómo los profetas de Dios enseñaban a aquel pueblo sobre la voluntad de Dios.

En el Nuevo Testamento vemos el nacimiento de Jesús; su vida y su muerte en una cruz en lo alto del Monte Calvario, y su resurrección. Encontramos además varias cartas de algunos apóstoles de Cristo, escritas a las Iglesias Cristianas. El último libro de la Biblia nos muestra lo que va a suceder en los últimos tiempos.

También nos muestra lo que es el pecado, para que la gente no peque. La persona que quiera andar siempre con Dios debe leer la Biblia para aprender cómo podemos agradarle siempre.

Por eso dice uno de los escritores de la Biblia: *"En mi corazón he guardado tus dichos, para no pecar contra ti."* Salmo 119:11.

La palabra de Dios -La Biblia- es la verdad, pues nunca dejó de suceder lo que Dios dijo que sucedería.

A través de la Biblia Dios nos habla, y siempre tiene una palabra de orientación, alegría espiritual o algún consejo reconfortante. Por eso este libro es diferente a los demás.

Si tú lees la Biblia y oras al Señor todos los días vas a sentir mucha alegría y además de eso vas a aprender mucho. Dios te va a bendecir.

*****

4. El Camino de la Victoria

A partir del momento en que recibimos al Señor Jesús como nuestro Salvador pasamos a caminar por el camino que conduce al cielo.

A lo largo del camino encontraremos muchos otros cristianos. ¿Qué es un cristiano o un creyente? Cristiano es la persona en quien Cristo vive. Si tienes a Jesús en tu corazón, ¡eres un creyente, un cristiano! y ¡qué maravilloso es eso!

Ser creyente es mucho más que tener nuestros pecados perdonados. Es tener la vida de Dios dentro de nosotros. El Señor Jesús está en el cielo, pero también vive en nuestro corazón a través del Espíritu Santo que habita en nosotros. Él nos dice:

"No te desampararé, ni te dejaré." Hebreos 13:5 ¿No es maravilloso?

Pero el camino al cielo no es siempre fácil. Verás que aun teniendo a Cristo viviendo dentro de ti vendrán malos pensamientos, y a veces harás lo que no debes hacer. Tal vez pensabas que después que uno se convierte en creyente es muy fácil hacer el bien, pero no siempre es así. Aun después de ser salvos somos tentados a hacer el mal y a proceder erradamente. Pero esto no debe desanimarte.

Otros creyentes también son tentados. El apóstol Pablo, por ejemplo, fue tentado. Lee lo que él escribió una vez: *"Porque no hago el bien que quiero, sino el mal que no quiero, eso hago."* Romanos 7:19

Pablo quería hacer el bien, pero descubrió que no siempre lo hacía. Él decía: *"Me doy cuenta de que, aun queriendo hacer el bien, solamente encuentro el mal a mi alcance. En mi interior me gusta la ley de Dios, pero veo en mí algo que se opone a mi capacidad de razonar: es la ley del pecado, que está en mí y que me tiene preso."* Romanos 7:21-23 (DHH)

Él descubrió el secreto para vencer el pecado. Este secreto es dejar que Jesús sea el que gobierne nuestras vidas. Pablo aprendió este secreto y nosotros también lo podemos aprender.

Una de las grandes dificultades para vivir una vida cristiana alegre y victoriosa es nuestro YO. Cuando intentamos vivir una vida cristiana por nosotros mismos, por nuestra propia fuerza, y no confiamos y entregamos todo al Señor Jesús, entonces somos vencidos. Debemos permitir que el Señor Jesucristo dirija y controle todo en nuestra vida.

¿Sabías tú que en nuestro corazón existe un trono? No es un trono material, por supuesto. Pero vamos a pensar un poco en ese trono. ¿Para qué sirve un trono?

Sirve sin duda para que un rey se siente en él. Cuando el Señor Jesús gobierna en nuestro corazón como rey, gozamos de paz y los pecados no pueden entrar en él.

¿Qué pasa cuando queremos mantener nuestros propios caminos y nuestra manera de ser, y no dejamos que Jesús sea el rey de nuestro corazón?

Vamos a usar algunos animales para representar ciertos pecados.

El pavo servirá para representar el orgullo, pues como de seguro ya sabes, se trata de un ave bastante orgullosa. Le gusta mostrar la belleza de los colores de su cola, le gusta exhibirse y que todos lo admiren.

¿Tú también tienes pecados malos e indignos para con otros? ¿Pensaste alguna vez que eres mejor que los demás? Pues bien, eso es un pecado de orgullo.

¿Tú eres egoísta? Cuando consideramos el pecado de egoísmo, no podemos dejar de pensar en un cerdo. Todos sabemos que este animal es egoísta, que quiere todo para él.

¿Te gusta hacer lo que te mandan? A las cabras no les gusta hacer lo que les mandan, no aceptan que alguien las obligue a hacer las cosas. Por lo tanto usaremos a este animal para representar la desobediencia. Estos animales tienen muy mal genio.

¿Te sientes tentado a no decir la verdad? ¿Acostumbras mentir? En la Biblia Satanás es llamado "la serpiente" o el "padre de toda mentira". Por lo tanto la serpiente será usada para representar el pecado de la mentira.

¿Eres perezoso y a veces no quieres trabajar ni ayudar a otros? La vagoneta y lenta tortuga servirá para representar el pecado de pereza.

¿Te ensañas con las personas y guardas odio y rencor contra ellas? Tal vez un tigre podría representar el odio y la ira.

¿Hablas mal de otros y difamas su persona diciendo cosas respecto a ellas sabiendo que son mentira? El sapo representa la maledicencia y la intriga.

Cuando el Señor Jesús no es el rey en nuestra vida estos pecados se apoderan de nosotros y nos hacen infelices. También las otras personas que viven con nosotros se ponen tristes por nuestra causa.

Tenemos que tomar una decisión.

Podemos continuar con nuestra propia manera de ser, orientando nuestra vida como queremos, o podemos permitir que el Señor Jesús sea el rey de nuestro corazón.

El mismo apóstol Pablo tuvo que escoger. Él resolvió elegir al Señor Jesucristo como el rey de su vida. Fue así que todos los días pedía al Señor Jesús que durante el día que comenzaba fuese su rey y que no lo dejara hacer el mal. Por eso el apóstol Pablo fue uno de los grandes héroes de Dios, y él escribió: *"Todo lo puedo en Cristo que me fortalece."*

El secreto de la victoria (pensar en el bien y hacerlo) ¡está en permitir que Jesús sea el rey de nuestra vida! El Señor Jesucristo entra en nuestro corazón en el momento en que lo aceptamos como nuestro Salvador, pero Él también quiere ser nuestro rey, para que en la vida seamos victoriosos sobre el pecado. El Señor Jesús tiene el derecho sobre nuestra vida porque Él nos compró y le pertenecemos.

La Biblia dice: *"¿No saben ustedes que su cuerpo es templo del Espíritu Santo que Dios les ha dado, y que el Espíritu Santo vive en ustedes? Ustedes no son sus propios dueños, porque Dios los ha comprado. Por eso deben honrar a Dios en el cuerpo."* 1 Corintios 6:19,20 (DHH)

Hablemos de esto: ser tentado no es pecado. La Biblia dice que el Señor Jesucristo fue *"tentado en todo según nuestra semejanza, pero sin pecado."* Hebreos 4:15

El pecado sólo comienza a existir cuando cedemos y decimos "sí" a la tentación.

¿Cuál fue el precio que el Señor Jesús pagó para que pudiéramos ser salvos? ¡Él dio su vida por nosotros! Nos compró y derramó su preciosa sangre por nosotros. Es por eso que ahora le pertenecemos. Él tiene el derecho de ser el rey de nuestro corazón.

Jesús espera que le digamos que lo queremos como rey y que lo invitemos para que se siente en el trono de nuestro corazón. ¿Recuerdas cuando tú fuiste salvo? El Señor Jesucristo golpeó la puerta de tu corazón, pero esperó que tú le pidieras que pase. De la misma manera Él ahora espera que tú le digas que lo quieres como rey de tu corazón.

¿Quieres decírselo ahora mismo?

Paremos por un momento para que tú puedas orar y decirle: "Señor Jesucristo, te agradezco porque tú has dado tu vida por mí. Y ahora te pertenezco. Quiero que seas siempre el rey de mi vida."

¡Qué día glorioso aquel en que coronamos al Señor Jesús como rey de nuestra vida! Cuando Jesús es el rey de nuestro corazón los terribles pecados de los que hablamos no pueden permanecer en nosotros. Pero todos los días debemos pedirle que Él sea el rey de nuestra vida y que gobierne nuestro corazón.

Es necesario no descuidar nunca de pedir al Señor Jesucristo que gobierne nuestro corazón, porque tenemos un gran enemigo: el diablo. La Biblia lo llama Satanás, y él odia a todos los que tienen al Señor Jesucristo como rey en su corazón, pues intenta constantemente llevarlos a practicar el mal.

Por nuestros propios medios somos incapaces de vencer a Satanás, quien es mucho más fuerte que nosotros. Pero no tenemos por qué tener miedo, pues el Señor Jesús, que vive en nosotros, es más fuerte que el diablo. La Biblia dice:

"Hijitos, ustedes son de Dios y han vencido a esos mentirosos, porque el que está en ustedes (el Señor Jesús) *es más poderoso que el que está en el* mundo (el diablo)." 1 Juan 4:4 (DHH)

El Señor Jesús, que vive en ti, es mucho más grande que Satanás que está en el mundo. Tenemos que vivir la vida cristiana por fe en el Señor Jesús, que vive en nosotros, y obedecerle. Nosotros recibimos el perdón de nuestros pecados al creer que el Señor Jesús murió en la cruz en lugar nuestro. De la misma forma también recibimos poder para apartarnos del pecado cuando confiamos que el Señor Jesús resucitó y está viviendo dentro nuestro.

Cuando somos tentados a hacer el mal debemos orar así: "Señor Jesús, no consigo enfrentar esta tentación, pero confío que tú me librarás de pecar." Cuando confiamos en Él, Él nos puede guardar de practicar el mal.

¿Y si caemos en la tentación? ¿Será que Dios tiene algún plan para cuidar a sus hijos cuando pecan? ¡Sí, lo tiene! ¡Y para que veas qué plan es éste, vamos a pensar en una experiencia de la vida diaria!

¿Alguna vez desobedeciste a tus padres? Y cuando sucedió esto, ¿te sentiste feliz y contento? ¡Claro que no! A pesar de haber desobedecido nunca dejaste de ser parte de tu familia, y tus padres no te dejaron de amar. Tal vez te pusieron en penitencia o te castigaron, y esa desobediencia te entristeció tanto a ti como a tus padres, por eso es que durante un tiempo los dos se apartaron el uno del otro.

Esto es exactamente lo que pasa con nuestro Padre Celestial. Cuando pecamos no dejamos de pertenecer a Su familia, pero ese pecado nos aparta de nuestro Padre Celestial.

¿Qué debemos hacer entonces?

Primero: reconocer que somos pecadores. La sangre de Cristo Jesús limpia el pecado.

Después debemos confesar a Dios en oración nuestro pecado y decirle que estamos verdaderamente arrepentidos. Al confesar nuestras faltas Él nos perdona. Esta es una promesa de Dios:

"Si confesamos nuestros pecados, Él es fiel y justo para perdonar nuestros pecados y limpiarnos de toda maldad." 1 Juan 1:9

¿No es maravilloso tener un Padre Celestial tan amoroso que nos perdona si nosotros le pedimos arrepentidos su perdón?

En Romanos capítulo 6 versículo 23, la Biblia dice: "Porque la paga del pecado es muerte, mientras que la dádiva de Dios es vida eterna en Cristo Jesús, nuestro Señor."

Dios te ama tanto que envió a su hijo Jesús a mostrarte el camino para que vivas en amistad con Él para siempre.

*****

5. El Increíble Carlitos

La familia de Carlitos se mudó a la ciudad. Él se puso muy contento porque ahora podría ir a la escuela.

Ya tiene 7 años. ¡Estaba atrasado! Es verdad que él aprendía muchas cosas en su misma casa, tales como escribir algunas palabras y hacer cuentitas.

Lo anotaron, y Carlitos fue a la escuela al día siguiente. En el aula lo esperaba la maestra:

— ¡Buenos días! ¿Tú eres el nuevo alumno que recién llegó a la ciudad?

— Sí, señorita.

— La secretaria de la escuela me mandó a decir que te llamas Carlos con G, ¿Es verdad?

— Correcto, señorita maestra.

— ¿Pero cómo Carlos con G?

— Mire, no sólo yo me llamo así, sino toda mi familia.

— ¿Cómo se llama tu padre?

— Mi papá se llama Gerardo.

— ¿Y tu mamá?

— Mi mamá se llama Gisela, y mi hermana, Gabriela; pero no es por eso, señorita.

— Pero si tu padre es Gerardo, tu madre Gisela y tu hermana Gabriela, todos tienen nombre con G; pero tú...

— ¡Y yo también!

— Pero Carlos con G es Garlos, y eso está mal dicho.

— No, maestra, está bien.

— Oh, no. Un momento, por favor. Ve hasta el pizarrón y escribe tu nombre. Quiero ver esa historia de Carlos con G.

Entonces Carlitos fue y escribió: CARLOS CONGE.

— ¡Ah! ¡Ahora entendí!

Y la maestra pensó: "Este chico es muy inteligente y seguro que le voy a dar mucho trabajo. Vamos a ver qué le voy a preguntar la próxima vez.

*****

Recursos para tu Edificación

Para finalizar, te dejo una lista de sitios web que pueden ayudarte en tu relación con Dios a través de recursos musicales, videos y material de edificación:

Devoción Total

(www.DevocionTotal.com): Red de sitios cristianos dedicada a proveer recursos para la evangelización y la edificación de los creyentes en Cristo Jesús. Encontrarás prédicas, música, mp3s, videos, reflexiones cristianas, devocionales y mucho más.

Música Cristiana para Niños GRATIS

(www.DevocionMusical.com/musica-cristiana-para-ninos/audio/albums/)   Encontrarás varios CDs de música cristiana infantil, completos para descargar en archivos MP3.

Dibujos Bíblicos

(DibujosBiblicos.NET) Una gran variedad de dibujos para que coloreen los niños. Temas cristianos de la Biblia, ángeles, escenas bíblicas y muchos más.

CD Virtual GRATIS

(www.DevocionTotal.com/cdvirtual/) Un CD completo para descargar que contiene la música de cantantes cristianos independientes en archivos MP3, un librito y otras sorpresas.

Sermones Cristianos.NET

(SermonesCristianos.NET): Descarga gratis sermones en audio mp3, prédicas cristianas y estudios bíblicos. También predicaciones escritas y en video.

Estudios Bíblicos

(www.EstudiosBiblicosCristianos.NET): Materias del Instituto Bíblico Palabra de Fe que ahora puedes leer y consultar en línea.

Mensajes Cristianos

(www.MensajesCristianos.NET): Un devocional de aliento para tu vida tomado de la Biblia. La Palabra de Dios: Un mensaje para cada día del año

Aplicaciones Cristianas

(www.AplicacionesCristianas.com): Diferentes aplicaciones gratis para dispositivos móviles con sistema operativo Android, Apple y Nokia: Devocionales, Libros, Música y Videos.

Estimado Lector:

Nos interesan mucho tus comentarios y opiniones sobre esta obra. Por favor ayúdanos comentando sobre este libro. Puedes hacerlo dejando una reseña en la tienda donde lo has adquirido.

Puedes también escribirnos por correo electrónico a la dirección info@editorialimagen.com.

Si deseas más libros como éste puedes visitar el sitio web de **Editorialimagen.com** para ver los nuevos títulos disponibles y aprovechar los descuentos y precios especiales que publicamos cada semana.

Allí mismo puedes contactarnos directamente si tienes dudas, preguntas o cualquier sugerencia. ¡Esperamos saber de ti!

Más Libros de Interés

Esteban Vence sus Miedos y Conoce al Mejor Súper Héroe

Este libro relata varias aventuras del pequeño Esteban, a quien le gusta jugar y divertirse con sus hermanos. En una oscura noche, el miedo se apoderó de él, pero luego conoció a alguien que cambió su vida para siempre, conoció al mejor Súper Héroe, ¡uno real! Descubre tú mismo de quién se trata...

Milena - La Princesita Viajera

Este libro ilustrado cuenta varias aventuras de Milena, una niña a la que le encanta viajar por el mundo. De la serie Cuentos para Niños, este libro es perfecto para aquellos padres que buscan cuentos infantiles ilustrados para los más pequeños.

Mi amigo extraterrestre

Este libro relata una de las tantas aventuras de Tomás, un niño al que le encanta jugar. Tomás decide leer un libro, cuando de repente recibe una visita inesperada. Lo que sigue son simplemente más aventuras y sorpresas, las cuales ayudan a que Tomás se dé cuenta de algo muy importante al final.

Autos Súper Deportivos
Descubre los automóviles más fascinantes del mundo

Este no es un libro común: Es un "Libro Juego". Este libro pondrá a prueba tus conocimientos sobre automóviles y te irá enseñando todavía más cada vez que lo juegues. ¿Cómo se juega? Muy sencillo. Déjame explicarte. Cada capítulo empieza con datos reales de un automóvil en particular. Al final del mismo tendrás tres opciones para escoger de qué auto estamos hablando.

El misterio de la casa abandonada

¡El primer libro de aventuras para niños y adolescentes donde tú eres el verdadero protagonista!

En esta oportunidad tu tío, un detective que trabaja para la policía de tu ciudad, te invita a participar en una investigación relacionada con extraños sucesos que están ocurriendo en las cercanías de una casa abandonada. ¿Por qué la casa está desierta? ¿Qué es esa sombra que viste pasar rápidamente? Descúbrelo en este libro lleno de acción y aventuras.

Amigo de Dios - Un libro ilustrado para niños que desean estar más cerca de Dios

Descubre cómo ser amigo de Dios a través de historias ilustradas sencillas y divertidas. Contiene historias bíblicas tales como "El Tesoro Escondido" y un cuento para niños sobre el valor del dar: "Regalos del Corazón".

Actividades didácticas para niños

Acompaña el aprendizaje de los más pequeños con actividades para ejercitar la observación, la motricidad fina y la atención.

Actividades Para Aprender El Abecedario

Páginas para colorear, aprender las vocales, dibujar letras, completar las palabras y muchas otras actividades para niños de 2 a 4 años de edad.

Actividades para Aprender los Números

Juegos y Actividades para niños de entre 2 a 4 años de edad Páginas para colorear, aprender los números, dibujar sus contornos, completar los números que faltan y muchas otras actividades para niños de 2 a 4 años de edad.

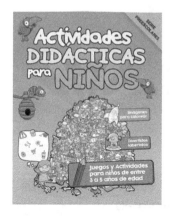

Actividades Didácticas para Niños - (Serie Preescolares)

Más de 40 páginas de diversión y aprendizaje a todo color. Encontrarás páginas para colorear, unir con flechas, encontrar el personaje sin pareja, laberintos, encontrar los objetos y muchas otras actividades para niños de 3 a 5 años.

100 Animales de la Granja Para Colorear - Actividades Didácticas para Niños - Volumen 5

Niños de todas las edades encontrarán imágenes divertidas y fáciles de colorear, cada una en una hoja nueva, para que sea más fácil poder compartir sus habilidades artísticas con amigos y familiares.

100 Animales del Mar Para Colorear - Actividades Didácticas para Niños - Volumen 6

Estas imágenes fascinantes mantendrán a los niños atraídos durante horas y estimularán su creatividad, mejorando el desarrollo visual-espacial de los más pequeños para estar en sintonía con su entorno.

9 781640 810006